Vente du Lundi 23 Janvier 1882

HOTEL DROUOT, SALLE N° 5

A DEUX HEURES PRÉCISES

TABLEAUX

ANCIENS ET MODERNES

DESSINS

EXPOSITION PUBLIQUE

Le Dimanche 22 Janvier 1882, de 1 heure 1/2 à 5 heures 1/2.

M° ESCRIBE	M. A. BLOCHE
COMMIS^{re}-PRISEUR	EXPERT
rue de Hanovre, n° 6	rue Laffitte, n° 44

PARIS — 1882

CATALOGUE

DE

TABLEAUX

ANCIENS ET MODERNES

PAR

Bergeret, N. Berthon, M. Blum, Bossuet
Caillou, Cathelinaux
E. Delacroix, Doux, C. Ferrère, Amand Gautier
L. Goupil, Grobon, H. Gudin
Innocenti, Lansyer, Méry, Pelletier, Picou
Roqueplan, Rougeron, Van Thoren
Vincelet, Wintz, etc.
Coypel, Delerive, Fr. Floris, Lancret
Magnasco, Mytens, Robert-Hubert, Téniers
Wéenix, Wynants, Zaft Leven, etc.

AQUARELLES ET DESSINS

DONT LA VENTE AUX ENCHÈRES PUBLIQUES AURA LIEU

HOTEL DROUOT, SALLE N° 5

Le Lundi 23 Janvier 1882

A DEUX HEURES PRÉCISES

Mᶜ ESCRIBE	M. A. BLOCHE
COMMIS^re-PRISEUR	EXPERT
rue de Hanovre, n° 6	rue Laffitte, n° 44

CHEZ LESQUELS SE DISTRIBUE LE CATALOGUE.

EXPOSITION PUBLIQUE

Le Dimanche 22 Janvier 1882, de 1 heure 1/2 à 5 heures 1/2.

PARIS — 1882

CONDITIONS DE LA VENTE

Elle aura lieu au comptant.

Les Adjudicataires paieront CINQ POUR CENT, en sus des adjudications, applicables aux frais.

Aucune réclamation ne sera admise une fois l'adjudication prononcée.

DÉSIGNATION

DES

TABLEAUX

ANASTASI

1 — Bords de la Marne.
2 — Coucher de soleil.

ANDRIEUX

3 — Le Christ.

BEAUQUESNE

4 — François Ier.

BELLY

5 — Femme espagnole.

BÉRANGER (Charles)

6 — Chien de chasse.

BERGERET (D.-P.)

7 — Faisans et Fruits.
8 — Asperges et Chaudron.

BERTHON (Nicolas)

9 — Pendant la moisson.

BLUM (Maurice)

10 — L'Amateur.

BOILLY (Attribué à

11 — Portrait.

BOSSUET (1836)

12 — Une Maison à Malines.

BOUCHER

12 *bis* — Moissonneurs trouvant une couvée de perdreaux dans les blés.

Important tableau de trois figures.

BRAUWER (Attribué à)

13 — Fumeur.

CAILLOU (Louis)

14 — Effet de givre.

CATHELINAUX

15 — L'Abreuvoir.

CORTÈS

16 — Vaches.
17 — Moutons.

COYPEL (Attribué à)

18 — Arrivée d'une Vestale au temple.

DAVID (École de)

19 — Portrait.

DELACROIX (Eugène)

20 — Tête de femme.

DELERIVE

21 — Le Maréchal-Ferrant.

DE NOTER (David)

22 — Fleurs et Raisins.

DOUX

23 — Le Nid.

DE DREUX (Attribué à Alfred)

24 — Chevaux et Jockey.

DURAND-BRAGER

25 — Avant la tempête.

ÉCOLE FRANÇAISE

26 — La Prise de Jéricho.
27 — Entrée triomphale de David.
28 — Édification de la Tour de Babel.
29 — Le Temple de Salomon.
30 — Réunion dans un parc.
30 *bis* — Marine.

ÉCOLE FLAMANDE

31 — Marine.

ÉCOLE ITALIENNE

32 — Religieuse.

FERRÈRE (Cécile)

33 — Le père Bertou.

                                                Salon de 1879).

FRAGONARD

34 — Vœu de Louis XIII.

FLORIS (Frans)

35 — La Cène.

VAN HOOGENSBUSGE (Signé et daté)

36 — Bouquet de fleurs.

GAUTIER (Amand)

37 — La petite Malheureuse.
38 — La Conduite.

(Vente Amand Gautier).

GENAILLE

39 — Loin du Pays (Italien).

GOUPIL (Léon)

40 — Tête de femme (Étude).

GROBON

41 — Fruits et Gibier.
42 — Le Panier renversé.
43 — Vase de fruits.

GUDIN (H.)

44 — Marine.
45 — Marine.

GUIDE (Attribué au)

46 — Jeune Femme.

INNOCENTI (Gugielmo)

47 — Les Amateurs.
            Importante composition de trois figures.

48 — Le jeune Ménage.

KUWASSEG (fils)

49 — Marine.
50 — Marine.

KUYTENBROUWER (Martinus)

51 — Un Chenil.

LAMBINET

52 — Effet de neige (Étude).
53 — Soleil couchant.

(Vente Lambinet).

LANSYER (Emmanuel)

55 — Roches de Douarnenez.

LANTARA

56 — Paysage.

LAVIDIÈRE

57 — Moine.

LEBAS (H.)

58 — Scène de brigands.

LENFANT DE METZ

59 — Les Vendanges.

V. L. (Signé du monogramme)

60 — Vache à la fontaine.

MAGNASCO

61 — Paysage accidenté.

Collection Tencé de Lille.

MALAPEAU

62 — Nature morte.

MARTIN (Hugues)

63 — Paysage.
64 — Paysage.

MÉRY (A.-E.)

65 — Coups de becs.

MIERIS (Genre de)

66 — Scène d'intérieur.

MILLET (Francisque)

67 — Paysage.

MOREAU (Nicolas)

68 — Chasse au sanglier.

MYTENS (Signé A.)

69 — Portrait de jeune fille, avec armoiries.

NAVEZ

70 — La Lecture.

PELLETIER (J.-A.)

71 — L'Automne (Fleurs et Fruits).
72 — L'Été (Fleurs).
73 — Fleurs et Pêches.

PESONS

74 — Paysage.

PICOU (Henri)

75 — La Toilette. Peinture sur soie.

POLAK

76 — Marine (Effet de nuit).

ROBERT-HUBERT (Attribué à)

77 — Vue du Parc Monceau.

    A gauche, le duc d'Orléans cause avec un domestique qui lui présente une clef; divers autres groupes animent ce paysage.

ROMBOUTS (Attribué à)

78 — Paysage.

ROQUEPLAN (Signé)

79 — Scène de l'Histoire de Marie Stuart.

ROUGERON (Jules)

80 — Marchande à la toilette.

ROZIER (Jules)

81 — Bords de l'Oise.

SCHMIDT

82 — Faust.
83 — Marguerite.

TCHOUMAKOFF

84 — Tête de jeune fille.
85 — Tête de jeune fille.

TÉNIERS (Attribué à)

86 — Ermite.

TÉNIERS (D'après)

87 — Kermesse.
88 — Kermesse.

TESTE

89 — Lièvre et Perdrix.

THOREN (Otto Von)

90 — Animaux.

TISSIER

91 — Tête de Christ.
92 — Mater Dolorosa.

TORNA (Oscar)

93 — Marine.

VANTADOUR

94 — Chevaux attelés à une voiture de pierres de taille.

VARENNE (Attribué à S.)

95 — Paysage avec personnages.

VAUQUELIN

96 — Portrait de femme.

VINCELET

97 — Roses et Coquelicots.

VINCELET

98 — Fleurs.

WÉENIX

99 — Cavalier au bord de la mer.
    Tableau important du maître. Signé à gauche.

WINTZ

100 — Paysage et Animaux.
        Tableau important.

WYNANTS (Signé)

101 — La Moisson.

WYNANTS (Signé)

102 — Paysage avec rivière.

ZAFT-LEVEN (Signé et daté)

103 — Paysage montagneux.

AQUARELLES ET DESSINS

104 — **Appian.** Paysage.
105 — **Belly.** Toréador.
106 — **Belly.** Toréador.
107 — **Bertrand (James).** Jeune Fille.
108 — **Chaigneau (F.).** En forêt.
109 — **Daumier (H.).** Un Héritier.
110 — **Giraud (E.).** François de Valois.
111 — **Jouy.** Pêcheuse.
112 — **Méry.** Fleurs.
113 — **Prud'hon (Attribué à).** Calypso.
114 — **Ribot.** Jeune Mère.
115 — **Rousseau (Th.).** Dessin à la plume.
116 — **Roybet.** Jeune Femme.
117 — **Véronèse (Paul).** Martyr.
118-119 — **École française.** Sujets pastoraux. Aquarelles sur vélin pour éventails.
120 — **École moderne.** Le Retour du pêcheur napolitain. Aquarelle sur soie pour éventail.
121 — **Inconnu.** Pastel du xviiie siècle.
122 — **Inconnu.** Sous-Bois (Fusain).
123 — Dessins et Gravures en feuilles.

Vᵉ Renou, Maulde et Cock, imprs de la Compagnie des Commissaires-Priseurs, rue de Rivoli, 144. 24781

Vᵉ RENOU, MAULDE et COCK

IMPRIMEURS DE LA COMPAGNIE DES COMMISSAIRES-PRISEURS

Rue de Rivoli, 144

www.ingramcontent.com/pod-product-compliance
Lightning Source LLC
Chambersburg PA
CBHW070501080426
42451CB00025B/2967